침묵이 숨 쉬는 곳

김영임 시집

시인의 말

꽃은 소유의 대상이 아니라
정성과 마음으로 가꾸는 존재
사랑하면 알게 되고
알게 되면 비로소 보입니다.
그때에 보이는 것은 전과 같지 않으리라
지난날들은 정제되어 있는 시간들이
아니었다 싶어
어느 날 문득 마음속에 쌓인
시의 보따리를 주섬주섬 챙겨
출판사의 문을 두드렸습니다.
수십 년, 마음 한 켠에서 조용히 굴러다니던 시심을
꺼내어 세상의 바람에 맡기고자 합니다.
정신 차려 보니 남은 시간이 길지 않음을 실감합니다.
이제,
돌고 돌아 다시 이 자리에 섰습니다.
자연의 품 안에서 깃든 신성을 벗 삼아
내 안에 잠든 나를 만나고
깊이 숨 쉬고 있던 시의 혼을 깨워보고 싶습니다.

결실의 계절, 가을로 향하는 길목에서
김 영 임

목차

제1부 나는 주소가 없습니다

제2부 영원한 이름

제3부 첫눈 내리는 날

제4부 토우土雨가 내리던 날

제5부 그리운 날

제6부 강물이 흐르는 찻집

제1부

나는 주소가 없습니다

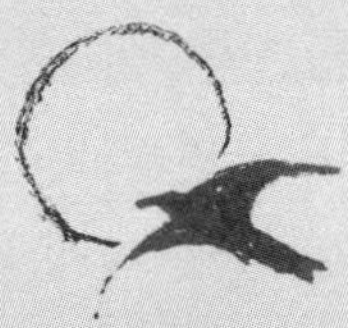

고천암

철새 따라 마음 부풀어 찾아갔더니
철새는 간데없고
물오리 몇 마리 끼욱 끼욱
떠나버린 사랑의 보금자리

갈대밭
철새 보금자리 찾아 헤매니
칼바람에 볼만 갈라지더라

철새 소리는 그리움으로 들려오더라
가슴 후벼대는 칼바람에
소리 내어 우는 방죽 소리
멀리 가지 않았을 것이더라

흐느적거리며 손짓하는 갈대
봄이 오면 따뜻한 햇빛 몰고
갈대 손짓 따라 찾아오리라

석류나무

석류라는 시 한 편 남기고
떠났다지
모질고 거친 세상에
얼마나 시달렸을까

석류나무 한 그루
처량히 매달려
주인 잃은 썩은 석류

세월 두고 보고픔에
몸살을 앓았던가
대롱대롱 매달려
주인 기다리다 지쳤을까

모질고 거친 세상
어머니도 버리고
월북한 주인인데
기다릴까 말까
떨어질까 말까

나는 주소가 없습니다

당신이 떠난 뒤로
떠도는 텍사스처럼
주소가 없습니다

통통배를 타고
늘 항로를 잃어버린 것처럼
어디론가 가고
가슴에 눈물 같은
물방울이 맺히면
그리움을 삭이면서
눈을 감아야 했습니다

아침이슬이
눈물처럼 맺히면
풀 향기로도
대신하지 못하고
빛나는 사랑으로
만나고 싶습니다

윗세오름

한라산 길 따라
잡목림이 가만가만
사랑의 편지를 씁니다

해맑은 가슴을 보이는
산속의 잡목림

메마른 가슴 내보이는
병풍바위에 그리운 이
찾듯 누워서 뒹구는 철쭉이
꽃잎 편지를 써
그리움을 띄웁니다

한참을 들여다본 꽃잎에
돌을 던지면 쨍그랑
깨질 것 같은 나의 봄
윗세오름에서
그리움을 불러봅니다

돌아오지 않은 제비

박씨 세 개 준비하여
하나는 행랑채 처마 밑에 심어
조롱박 만들어 길손에게
탁주라도 한잔 건네고

또 하나는
뒷간 지붕 위로 오르게 하여
물 항에 가득 찬 물 바가지로 퍼내어
하루 세끼 쌀 씻고

또 하나는 강남 돌아갈 때
실한 바가지로 장날 돈 만들어
노자 돈 쥐어 주려 했는데

너를 기다리며 꾸던 꿈은 허사로다

냉잇국 쑥국으로 입맛 돋우던 때
흙하고 지푸라기 물어와
새집 단장하고 새끼 치며

소리 없이 휘몰아치던
너의 생명소리 지축 흔들며
가슴속 깊이 방망이질한다

시골 기차역

초가집 굴뚝에 연기가 모락모락
석양녘 시골 정거장
땅거미 내릴 무렵

보리밥 짓느라
굴뚝에 연기가 모락모락
호박오가리* 취나물 무치느라
분주하면

청국장이 익느라 보글보글
굴뚝에 연기가 모락모락
칙칙폭폭 기차는 영등포역
이때 시골 밥상이 차려지고

기차 지나가는
시골 마을 그리움이다
고향이 있는 것만으로 행복합니다
어머니가 계신 것만으로 든든합니다.

*오가리 : 박이나 호박, 무 따위의 살을 가늘고 길게 도려내
말린 것

인연의 끈

슬픈 인연이
향도 단물도 다 빠진
자일리톨을 씹다가
문득 딱딱해진 이물을 느낄 때

사소한 일상의 인연들과
그것들이 새겨놓은 뭇 사랑이
새들과 노래하던
푸른 꿈의 행렬
엉금엉금 긴 목을 가진 사마귀처럼
마침내 하직하고 마는 것

돌처럼 단단한 눈물을 씹지 않으려고
눈 한번 찔금 감고
사랑니를 뽑듯 아프게 지나가는
삶의 길목에서
사랑은 언제나 떠나는 것이라고

침묵이 숨 쉬는 곳

부푸른 가슴 안고 무등산 기슭
설봉농장 찾았더니
산토끼가 뛰어다니고
다람쥐가 튀어나올 것 같은 곳

온 세상 선인들 데려다 구경케 하고
올망졸망 동자들 옥수를 따오게 해
온갖 작품들 불러 화전놀이라도 열어볼까
침묵의 언어들이 여기저기 묻어 있어

긴 세월 하나하나 정성으로 수집하여
오랜 침묵 깨고 일어나
하모니를 이룬 곳
세월은
사람을 기다리지 않지만
작품들은
사람을 기다린다

석모도

깊은 밤 별이 발목을 씻는다
깊은 잠에서 깨어 별이 빛나는 밤

바다 물결은 푸른 옷을 입는데
튀어 오르는 고기처럼
아침 해가 솟아오르기 전
나의 미래도
이렇게 해맑게 솟아오르겠니

외딴섬이 있다는 것을 믿는다
제비집이 빛나는
그림자도 남기지 않은 보문사 눈썹바위
눈여겨본 지난밤의 푸른 별
너를 만나고 싶어 바라볼수록
높은 하늘 아래서
언제 다시 이곳에 어둠을 감추고
무엇으로 만나게 될지
내가 사랑하던 모든 것
석모도 바닷속에 잠겨 있으리.

눈 내리는 설날

대지를 백설白雪이 품은 설날 아침
어릴 적 어머니가 새겨주신
백설보다 더 하얀 외씨버선
눈에 젖을까 까치발 들고
살금살금 발자국 남긴다

어머니 손끝에 우러나온
떡국 한 그릇에
정성과 사랑이 스며들어
가슴 아리게 하신
어머니 따스한 마음이
하얀 눈꽃처럼 맑고
깨끗한 삶이 우러나
생각나는 어머니

어린 시절 정겨웠던
설날이 추억을 말하게 한다

고추잠자리

여름을 밀어내는 이른 아침
풀숲 고추잠자리
산책길 내 발자국 소리에
부스스 잠에서 깨는 날갯짓이
인조 속치마처럼 가볍다

내 영혼도 저렇듯 가벼워진다

고추잠자리 날갯짓처럼
발걸음 보폭을 산들하게 하는 건
산책은 언제나 내 마음 대화를
들어주기 때문

계절의 전령사로 날갯짓하는
저 햇살 속 투명이
아침이슬처럼 영롱하다

사랑은 하나

사랑은 하나입니다
하나는 무한의 큼입니다
그 '큼'의 크기는 알 수 없습니다
다만 위대할 뿐입니다

사랑은 아름답습니다
아름다움은 꾸밈이 없습니다
그 '아름다움'의 크기는 알 수 없습니다
다만 선망의 대상일 뿐입니다

사랑은 진실합니다
진실은 향기롭습니다
그 '향기로움'의 크기도 알 수 없습니다
다만 동경의 대상일 뿐입니다

사랑은 바람입니다
바람은 보이지 않습니다
그 '바람'의 크기도 알 수 없습니다
다만 느낌일 뿐입니다

사랑은 기다림입니다
기다림은 순수합니다
그 '순수'함의 크기도 알 수 없습니다
다만 바램일 뿐입니다

제2부

영원한 이름

아름다운 산

솔잎 향 가득한
기다림이 떨림으로
잔뜩 부푼 산
살랑바람 불어와
아름다운 인경 소리
울고 가네

굽이굽이 산자락 안고
항해하니
회양계곡 물소리
더 갈 곳 없어 여기 멈춘 듯

계곡에 박혀있는 크나큰
바위의 존재를
심각하게 상념하면서
삼체불 암벽 아래
우암서원이 세월의 부피를
말해 주니

기나긴 시간 걸어온 나그네의
한숨 섞인 목소리를
들어주는 이 있어 나 여기
먼 길 걸어왔네

천년 세월을 훌쩍 넘고도
미동도 없이
살아 천년 죽어 천년
수천 년 살아 숨 쉬는 고사목
거침이 없구나

황금 먹는 산그늘

석양에 산그늘 내리니
황금벌판 어찌하리
고개 잘린 황금빛 아쉬워
통곡 소리 들판에 울리고
산속에 찻집
산 그림자 황금들녘
한눈에 들어오니
새처럼
꽃의 숨결 고요히 와
한 생애를
절망의 늪에서 일으켜 세우는
눈부신 계절아

먼 길

먼 길 걸어 밤새 스쳐간
내 님은 바람이어라
대지 끝 바람처럼 다가가
스러지어라

먼 길 걸어 밤새 스쳐간
내 님은 구름이어라
한 줄기 소나기
흙 내음 적시는 빗물

먼 길 걸어 밤새 스쳐간
내 님은 세월이어라
밤새 깍지 틀고
열병 앓던 사랑
그저 지나가면 그만이어라

능가사에서

푸른 고뇌의 팔영산 기슭에
작은 절 하나 솟아
산사의 하늘 아래 산이 운다
산이 울어 피는 노을 꽃
잔잔한 바람 일으키며 풍경이 울자
뒷산 잡목림에 숨어 자던 바람 놀라 깬다

잠결에 언뜻 본 극락이 곱기로
이승의 저 노을만 하랴
한 울음이 세상에 등불 밝히고

숲을 나선 바람은 대보의 날개를 펴고
춤추듯 산사로 나선다

바람이 날아간 뒤 풍경은
또 천년 묵언 속에 잠기는데

무슨 빛나는 말씀 듣자함인지
대웅전 처마 밑에 서 있는

중생의 귀 오래 차겁다

별빛 뜨는 스님의 이마 위에
이승의 서녘 하늘을 다 태우며
가슴이 빈 목탁이 운다

잠기고 싶다

금당산 기슭에 앉아
몸 풀린 풍암호수를 바라본다
쉴만한 속내 찾아
물살 헤집던 봄볕이
생긋한 눈짓으로 철쭉 꽃잎을 당긴다

내 생의 갈피마다 회돌이 치던
가슴속 같은 봄이
새삼 갈증으로 풀어진다

칼바람 휘두르던 겨울 몰아내고
자리한 철쭉꽃 향기
피워 올린 향내 한 올 담고서
예까지 숨차게 달려와
상큼한 향기 안아 주면서
길 끊긴 곳에 서면
스스로를 아낌없이 태우는 봄아
때 묻은 내 육신
정한 네 눈 속에 잠기고 싶다

세월이 가져다준 삶

마음 아파도 울지 못하고
가슴 아파도 소리 내지 못하고
세월이 시리도록 떨어도

봄이 온다는 소식
칼바람에 떨고 북풍한설에 떨고
봄이 온다는 소식에 다 잊고

또 속아볼까
때를 지나 쌓이는
저 황홀한 슬픔 보아라

영원한 이름

머나먼 숲속 사랑의 길을 가던 너
세상은 아름답고 사랑스럽게 보이네
끝나지 않을 이유의 인연처럼
너는 긴긴밤을 내 안에 머무르고
사랑방의 전설처럼 숨겨진 인연으로
몰래 왔다가 몰래 떠나던
내 그리움으로 끝나지 못할
영원한 이름 겨울 여자의 사랑
내 가슴을 무수히 짓밟고 널뛰던
어디에서도 편해질 수 없는 기다림
겨울이 오면 얼어붙은 마음이어도 좋은
너도 누군가에게 추억이라 말하는
염치 뻔뻔해지면 더 좋은 여자
내가 오늘도 불을 끄지 못하고
창문을 밝게 하는 것은
그대 길 잃고 헤매일까 싫어서이며
나는 집이 없어도 창문이 있음은
내 겨울사랑의 집은 그대이기 때문이라

밤하늘

너의 마음을 찾아가는 불빛
등불은 어둠 속에서도
시어를 읽어 내린다
손 뽑아 글자마다 짚어 가다 보면
나이테처럼 둥근 샘물이 흐르고

한 컵 마셔 목을 적시면
밤하늘의 별들이 웅크리고 있다가
그때 그림자는 일제히 일어난다

이 밤도 가슴에 나무 한 그루 심고
풀잎 모아 별빛을 담아
인연이라는 값어치 없는 상자에
값지게 채우고 싶다

어떤 사랑

마지막으로 한 번 더 별을 바라보고
늦은 밤의 창문을 나는 닫는다
어디선가 지구의 저켠에서
말없이 문을 여는 사람이 있다
차갑고 뜨거운 그의 얼굴은
그러나 너그러이 나를 대한다
나직이 묵례를 나는 보낸다
혹시 나의 잠을 지켜줄 사람인가
지향없이 나의 밤을 헤매일 사람인가
그의 정체를 알 수가 없다

다음날 이른 아침 창문을 열면
또 한 번 나의 문을 대하게 된다
어디선가 지구의 저켠에서
말없이 문을 닫는 그의 모습을
나직이 묵례를 나는 보낸다
그의 잠을 이번은 내가 지킬 차롄가
그의 밤을 지향 없이 내가 헤맬 차롄가
차갑고 뜨거운 어진 사람은

언제나 이렇게 나와 만난다
언제나 이렇게 나와 헤어진다

빨간 횃불

가을은
빨강 노랑으로
불 타오르다
무릎까지 푹푹
빠지게 한다

기슭에 얽힌
산천의 절경
그 틈바구니에 앉은
벌써 가을은
가슴에 붉게 붉게
타오르고 있다

현란한 기암괴석
빨간 횃불 들고
푸른 하늘을 내저으면
고독에 지친 가슴
다 떨어져 나가고
한 잎 두 잎

낙엽만 떨어져 가는데
우수에 젖은 바람
단풍 숲을 건드리면
쏴아 쏴아
정다운 소리를 낸다

그저
단풍 숲은
깊고 깊기만 하다

기다림

구름 사이로 살포시 가린 달님은
수줍음을 탄 얼굴로
지나가는 나그네의 뒤를 밟지만
길 가는 나그네는 그 이유를 묻지 않습니다
그저 제 갈 길만 갈 뿐입니다

정류장에서 시내버스를 기다리는 소녀는
운행시간을 지키지 않는 기사에게
왜 늦느냐고 이유를 묻지 않습니다
그냥 버스가 오면 타고 갈 뿐입니다

산을 오르는 사람은
산의 높이를 가리지 않습니다
그냥 산이 좋아
거리를 가리지 않고
가쁜 숨을 몰아 쉴 뿐입니다

물을 내리는 사람은
물의 깊이를 따지지 않습니다

그냥 물이 좋아
물의 흐름을 가리지 않고
유유자적할 뿐입니다

제3부

첫눈 내리는 날

가을날

내 가슴 위로 떨어진
낙엽 하나
은행잎인지 단풍잎인지
사랑잎인지
이름도 모르고 색깔도 모르고
사연을 담았을까
모습을 담았을까
추억을 그렸을까

어느 것도 알 수 없는
그 떨어진 이유 속 비밀
사랑의 시름을 안고
휘익 스치는 소용돌이
그 깊은 고통의 한을 이기지 못하고
나뒹굴었을까

아름다운 색으로 만발하여
꽃비가 내리면 더 슬프고
꽃불이 켜지면 더 아름다운

외로운 저 달도 무색해하는
시린 빛으로 바뀌어 간다

차오르는 가운데
아쉬운 가을은 그렇게
감춰진 그 잎새에 비밀로
너무 아프다

가을 속의 풍경
풍경 속의 빛
빛 속의 그리움
항상 만나는 사각의 모니터지만
나의 비밀번호 속에서도
또 그대를 해독해 내야 하는
잎새만이 갖는 설형문자의 의미
끝내 떠나는 길목에서

잃어버린 한 해

난해와 같은 초겨울 초순지
그때 같은 태양이
마당에 은행잎을 반짝인다

흰 눈을 재촉하는 겨울바람
고드름 냄새가 나기도 하고
낙엽 썩는 냄새가 난다

알 수 없는 겨울 오는 냄새에
몇십 년 전 어릴 적 마음이나
인생 중년 넘어서 시인이 된 마음이나
시리고 썰렁하긴 마찬가지

들녘에도 그때처럼 겨울 기다리고
저물어간 한 해가 아쉽다
그러나 지난해 눈 속에 녹아버린
목이 터져라 부르며 울던 마음으로
겨울 햇살 속에 서 있으니
무엇인가 잃어버린 것만 같다

상념

물방울이 맺혀서
또르르 구르는
가을 보고 가을 느끼는 여유로움

단풍나무 사이로
녹색 소나무 바라보다
눈이 아려
삶이란 두 번 살 수 없듯
흐르는 강물에 오늘 담그고
내일 또 담글 수 없다

흘러 버리기 때문에
하늘을 닮고
청순한 자연을 닮은 사람이 되고 품은
누구나 한결같다

한가위

한가위 보름달 세상에 태어나
가장 좋은 이 앞에 앉아
구름에 별 숨고 달만 남은

팔월 보름 깊은 밤에
차 따라 담소하며
달님 은혜 느끼나니

등살 터져 어둠이 물러가듯
마음은 온갖 시름
한가위 쓰러지네
더도 말고 덜도 말고
추석 한가위만 하소서

인연의 끈

슬픈 인연이 향도 단물도
다 빠진 자일리톨을 씹다가
문득 딱딱해진 이물을 느낄 때

사소한 일상의 인연들과
그것들이 새겨놓은 뭇 사랑이
새들과 노래하던
푸른 꿈의 행렬
엉금엉금 긴 목을 가진 사마귀처럼
마침내 하직하고 마는 것

돌처럼 단단한 눈물을
씹지 않으려고
눈 한번 찔끔 감고
사랑니를 뽑듯 아프게 지나가는
삶의 길목에서
사랑은 언제나 떠나는 것이라고

석양

촉촉이 젖은
눈빛 걷어내는
저녁의 운해 안개를 보았네
행복의 그늘가에
비애의 쓴 그림자 웅크리고

칠흑 같은 어두움
미로의 끝엔 찬란한 기쁨
또한 뜬다지만
지금 숙명의 깃발 펄럭이면
석양 저켠으로 사라지는
허무의 꼬리를 보았네

얇은 살갗 부벼온
끼리끼리 젖은 언약들이
뭉게 뭉게 구름 되어
유빙처럼 떠가는
그대의 그림자

이르는 길엔
그리움의 갈증 적실
물마저 마르고
푸석이는 먼지만이
폐허처럼 자욱하네
팔당댐의 네온사인은

허공

바람이 오면 오는 대로 쉬었다 가게 하세요
세월도 그렇게 왔다 갈 거예요
가도록 그냥 두세요

바람에 시달리는 나무처럼
바위로 막힌 파도처럼
왕성하게 생명 하려니
절망의 구렁에 넣지 마세요
가도록 그냥 두세요

이곳 산이 혼이듯 솔빛 푸른
운조루 흙담길 기왓장에
애국 충정 묻어나고

반기는 한 줌의 바람에 임의 소리 들려요
신의 말씀 들린 듯한 허공의 흰꽃들이
참 아름다워
이 고요를 두고 돌아서려니 눈물이 날까
걱정입니다

첫눈 내리는 날

마음의 산길을 지나 산문을 열면
저만치 산 하나 숨을 고른다
무등산에 오르는 길
눈안개 자욱하고
겨울 꿩 우는 소리
가지에 걸린 눈꽃이 부스스 눈을 뜬다
흰 안개 헐어내어 발아래 산을 거닐면
무등산은 억새꽃 아래서
겨울의 첫 손님을 머리 숙여 맞으며
자꾸만 달개비처럼 몸을 낮춘다

못다한 하산길 산 어디메쯤 왔는가
눈빛 환하게 채색한 마지막 해
산자락 껴안은 입석대에 돌아와
해묵은 흙담벽에 어둠을 칠하고 있다
따뜻한 할매집 도토리묵 한 접시에
젓가락을 헹구더니
그만 하얀 손님은 떠나고
그 자리에 달그림자가 외로웠다

무제

빛바랜 계절을 제치고
창을 연다
구름과 바람이 만난 자리에서
하늘은 이야기하려 한다

너무 빨라
너무 아까워
시들은 꽃이라도 아직은
꽃은 꽃인데
웃음이 말라
대지는 꽃을 간직할 수 없다 하네
꺼져가는 인간의 죽음 앞에 놓고
그것이 정말인가

나는 너무 억울해
아침이면 흔적 없이 쌓이는
머리칼이 생명을 말해 주듯
온몸으로 우수수 빠져나갑니다
왜 이리 마음 조마조마하고 참담한지

희망을 가진 싸움은 얼마나 행복하랴
별이 보이는 싸움은 얼마나 행복하랴

하늘은 인간을 향해
천둥을 치며 화를 내고 있다
10년 정도 야위어진 얼굴
새로운 계절을 담기에는
너무 빠르다

새들은 깃을 퍼덕이다가
나처럼 추락하고
하늘은 한정 없이 먼 곳에서
오지 말라고
아직도 서성이고 있다
하얀 겨울이 녹아드는 날

강가에서

강줄기 여위어 가는 늦은 봄
마른 잎 바스락거리며
어깨 부딪치는 강가에 선다

스치는 눈웃음에도 수줍던 물새
삭망을 바라보다 깊어진 골
힘들지 않고
피고 지는 꽃이 한 둘이랴만
산다는 것이 때론
그대 내게 세상사 등짐을 부릴 때
내 시름은 남루한 삶이 된다

곰소 전설이며 운조루며
평사리 악양 흐르는
집요한 강물까지도
세월 지나는 그대 잔잔한 눈매이듯
골 깊은 한숨이
해오라기도 그렇게 내려앉았다

홀로 나는
물새 머리 위 해가 이울고
어쩌면 눈인사도 없이
헤어지는 날이 올지라도
그해 봄을 이야기하며
멀리 있어도 위안이 되었다고
배꽃 같은 마음의 이야기
별빛으로 피어날 수 있으련만

두고 온 것이 있기에
맨발로 삼동三冬을 살아도
땅속 깊이 굵은 힘줄 펄떡이는
강물처럼
섬진강 맑은 물이
먼저 와 웃고 있으리라.

사랑의 뜰

마음의 뜰 눈의 허공으로
허무한 빛이 내린다
오랜 시간 잊혀져간 맑은 웃음 뒤로
추억은 강물처럼 차오르고
연주하는 사랑의 선율이
설레임처럼 밀려온다

아련한 기억들은 흐느적거리듯
잃어버린 세월의 아픔이 되어
깊은 몸살을 앓아야 한다
음율한 봄의 거리에서 젊음은 기쁨으로
꽃은 곱게 피어나지만

어느 날 허공의 뜰에 내리는 빛줄기
아름다운 계절은 무게로 침묵하고
흐느러진 진달래꽃은
사랑의 고리를 풀고 체념하면
초점마저 잃은 눈에 비친 뜰에
어색한 빛으로 외로움을 묻는다

철쭉밭

산을 오르는
사연
너는 알고 있다

알 것 다 알면서도
말을 하지 않는 것은
병풍바위가 있고
세월의 한이 있기에

병풍바위엔
변함없는 흰 구름 떠가고
바람 휘저으며
오는 님의 발자욱

오늘도
휘날리는 꽃잎 따라
한라산 철쭉밭에
환상의 나래 접는다

제4부

토우土雨가 내리던 날

설화雪花

근심 걱정 저버리고
무등산 자락에도
내 고향에도
눈으로 덮여 있다

울 엄니
목화밭 일구시어 시집보낼 때
목화씨 휘날리듯
온 대지를 감싸준다

배추 뿌리 무 구덩이에
솜이불 되어 몸을 녹인다

물질로 주는 최고의 선물
백매화 백목련을
설화雪花가 잉태하였는지

단풍 숲

한 잎 두 잎
낙엽만 떨어져 가는데
우수에 젖은 바람
단풍 숲을 건드리면
쏴아 쏴아 정다운 소리를 낸다
그저 단풍 숲은
깊고 깊기만 하다

비

친구란 이름을 달고
비가 찾아왔다

저 비는
누가 초대를 하였고
무슨 사연을 가지고
달려왔을까

많은 이들의
가슴을 설레게 하는 비는
얼마나 많은
사연을 간직하고 있기에

비를 기다리고
그 비를 향해
많은 꿈을 꾸고
기대도 한다

비를 바라보며 상념에 젖는

사람들의 생각으로
비는 노래를 부르고
비는 말을 하고
사연을 전하기도 한다

그리고
너의 마음을 진실로
전해주기를 간곡히 바라기도 한다

내리는 비는
모든 것을 다 알고 있는 듯
비를 바라보면
참으로 많은 사연을 담고 있다

비는 언제나
너의 사랑이고 친구이고
너 자신을 알 수 있는 영혼

비는 너의 비망록

봄의 향기

허공에 스민 한 줄기
고요히 마음의 뜰에 빛이 내리면
잊힌 웃음 뒤로
추억은 하늘처럼 차오르고
사랑의 선율 설렌 가슴을 스밉니다.

흐릿한 기억은
잃어버린 사랑의 아픔이 되어
몸속 깊이 앓게 합니다

거리의 젊음은 찬란히 빛나고
잎새는 조용히 물들어가지만
어느 날 허공에 내리는 빛줄기 아래
아름다움은 무게로 침묵하고
사랑은 낙엽처럼 고리를 풀어
천천히 체념합니다.

초점 잃은 눈동자에 비친 뜰엔
어색한 빛만이 외로움을 묻습니다.

광주의 한

메인 목 피 울음 우는 비둘기
역사의 광주천에는 무심한 물소리뿐
불어 터진 손끝 그날의 강물도
저렇게 푸르렀으리

옛일 울다 지친 강 따라
맑은 침묵에 쓰러진 세월 속
강물에 감추고는
밤비가 다시 내려
붉은 꽃 피고
슬피 새 울던
광주공원의 한이
광주천에 묻힌다

어진 땅 어진 광주에는
아직도 남아 있어 흥망의
한 세상을 이루고 있노라니
광주천의 정정한 몸짓
빌딩 숲은 내려본다

세월가면

시간이 가면 갈수록
그대 삶이 평화롭다는 것을
알게 됩니다
평화롭지 않은 가운데서도
정을 나눌 수 있는 마음을 보면
그대 분명 고요한 마음 가운데
평화로운 사람임을 생각하게 합니다

어느 때고 그대는
매우 지혜로운 사람임을 믿습니다
자신이 해야 할 일을 잘 찾아내고
우선순위에 맞추어 알뜰하고
정돈되게 잘도 해내는 것을 보면
지혜로운 사람임을 믿게 합니다

오래 사귀어 볼수록
그대는 참으로 보석 같은
사람임을 알게 됩니다
따뜻하고 포용하는 마음으로 인해

많은 사람이 희망되게 하여 주니
귀한 사람임을 갖게 합니다

마음을 고요하게 그대를 만나면
매우 깊은 사람임을 느끼게 합니다
누군가를 위해 전하는 웃음도
아픈 사람을 위해 흘리는 정겨운 눈물도
오직 진실로 다가오니
사랑 깊은 마음임을 확신시켜 줍니다

여지껏 알지 못했지만
그대는 희망을 주는 사람임을
부인하지 못합니다
그대를 만나면 내 피가
더 힘차게 솟아오르니
희망을 주기에 충분합니다

토우土雨가 내리던 날

토우土雨가 내리던 날
님은 소리 없이 오셨습니다
가는 시간이 멈췄습니다

토우土雨가 내리던 날
영혼 속에 담아 두었던 말들을 잊고
빗물 속에 섞여 흘러갔습니다

토우土雨가 내리던 날
메마른 대지를 적시는 촉촉함
준비되지 않은 설렘이었습니다

토우土雨가 내리던 날
송홧가루 입에 털던 부드러움
풋풋한 봄 향기였습니다

토우土雨가 내리던 날
덜 익은 석류가 입술처럼
입안을 침으로 적셨습니다

토우土雨가 내리던 날
뾰쪽한 가시 같은 당신
그 자리는 회오리바람이었습니다

토우土雨가 내리던 날
유성이 비껴간 자리엔
공허함이 맴돕니다.

너를 위해서만

너를 위해서만
사연을 만들고
그 사연으로 기다림을 기약하고
기다림으로 사랑을 만들어

너를 위해서만
그리움을 만들고
그 그리움으로 가슴을 푸근하게 하고
푸근함으로 넉넉하게 채워

너를 위해서만
노래를 부르고
그 노래로 마음을 열게 하고
마음으로 그대를 따뜻하게 하며

너를 위해서만
내 마음을 약속하고
그 약속으로 인연의 끈을 이어가고
인연으로 내 안에 살게 하고

너를 위해서만
눈물을 만들고
그 눈물로 메마른 가슴 적시고
가슴으로 너를 안고 가야 한다

미련

생각하면 눈물 나는
내 좋은 사람 하나
눈감으면 떠오르는
내 고운 얼굴 하나
걷던 길 무심결
되돌아보면

시린 달빛 밟고 오는
작은 그림자 하나
지우려 지우려
불섶에 뒹굴어도
못내 남아있는
아픔 이름 석자

상큼한 향기

백운산 기슭에 앉아
몸 풀린 계곡을 바라본다
쉴 만한 속내 찾아
물살 헤집던 봄볕이
생긋한 눈짓으로 매화 꽃잎을 당긴다

내 생의 갈피마다 회돌이 치던
가슴속 같은 봄이
새삼 갈증으로 풀어지고
칼바람 휘두르던 겨울도
당당히 자리한 봄에게
매화꽃 향기 자리한다

피워 올린 향내 가슴 가득
예까지 숨차게 달려온
나에게 상큼한 향기 안겨주면서
길 끊긴 곳에 서면
스스럼없이 태우는 꽃잎아
때 묻은 내 육신
네 정靜한 눈 속에 잠기고 싶다

보고 싶은 날

창가를 서성이며
가슴에 묻어 두었던
기억들을 떠올리면
보고 싶은 사람의 모습도
한 폭의 그림입니다

때 묻지 않은 당신과의 만남은
붉은빛을 떠올리는 노을인 것처럼
눈가에 맺힌 이슬인 것처럼
아름다운 꿈속의
어여쁜 사랑입니다

그 누구도 떨쳐 버릴 수 없는
특별한 인연이
사랑에 취하고
향기에 취하고
마시던 술에 취하고
늘 맑고 푸르던 당신의 모습에
취해 있습니다

하늘을 바라봐도
당신 모습이 가득하고
가슴 깊숙이 파고드는
물안개처럼
그리움뿐입니다

한강 물줄기에는

비둘기 날갯짓에
역사의 물줄기 내리는
한강에는
무심한 물소리만
철렁거릴 뿐

잿빛 하늘에 그래도
그날의 푸르름 간직하여
저렇게 푸르렀구나

찌를 듯 솟구치는
빌딩 숲에 찢기고
자동차 매연에 시달려도
역사를 보듬고 사는
한강 물줄기에는
옛일에 울다 지친
맑은 침묵으로 쓰러진
세월 감추고
밤비가 다시 내리는 날

우리의 젖줄기

꽃피고 새가 울며
남산의 한이
강물에 묻혀만 간다

우리의
어진 땅 어진 강가에는
우리의 한
우리의 환희가
맺혀있노라니
정정한 한강의 몸짓에
하늘을 찌른 빌딩숲들은
긴 역사 속에
다시 얹혀 흐른다.

제5부

그리운 날

산에 올라

산에 오르니
새파란 하늘 구름 한 점 없고
단풍 어찌 이리 붉으랴
솔바람 산새 소리 청아하니
여기가 선경仙境

애송이
노래 한 곡 뽑아대니
온 산이 반겨주네

이렇듯 산이 좋아
내일도 찾아오리라

봄비

종일 비가 내린다
간만에 듣는 빗소리에
가슴이 설렌다

비가 오니
차라도 마시자는
전화를 기다린다

비 내리는 거리를
우산 없이 걷고 싶다는
오지 않을 전화를 기다린다

비를 기다렸지만
비에 젖어 버린 마음
반갑지 않다.

그 사람

움츠림을 녹이고 벗어난 기온이
꼭꼭 채웠던 단추를 풀 때
솔잎 향기 가슴으로 호흡하면
못 잊어 보고 싶은 그 사람

훈훈히 남풍이 물레질하며
산등성이를 맴돌아 지나가면
철쭉나무 가지에 꽃망울 부풀 때
옛사랑이 환상으로 스쳐가네

산새들 사랑 노래 열창하는데
어떻게 팽개쳐 버리고 떠났을까
그는 지금도
못 잊어하겠지

솜털 같은 실 안갯속으로
봄비가 외로운 나의 가슴 적시면
사랑의 아쉬움 버릴 수가 없네
가까운 날도 먼 훗날도 못 잊을 그 사람

상념

많은 물방울이 맺혀서
또르르 구르는 물방울
가을 보고
가을 느끼는 여유로운

단풍나무 사이로
소나무 바라보다
두 번 살 수 없는 삶
흘러가버린 강물에 담그면
내일 또 담글 수 없다

흘러가 버렸기 때문에
오늘에서 내일로
언제나 사무치며
하늘을 닮고
청순한 자연을 닮은
사람이 되고 품은
누구나 한결같다

전설만 남아

인내와 고통을 넘어
희망이 있음을 믿는 그대여

여자의 아름다움과
크나큰 헌신을 믿는 그대여

들어보라
별들이 속삭이는 슬픈 전설을

들어보라
견우와 직녀의 이야기를
칠석날 먹까치도 떼 지어 울 때

대추나무 잎새 빗물에 젖고
별 강 건너 그대 마음에
등불로 뜨는 그리운 직녀여

은하수 노둣돌 밟고 서서
내 너를

얼마나 기다렸더냐

이승과 저승 사이
풀꽃을 꺾어 머리에 꽂고
그대 정녕 오는가

오늘밤
별보다 고운 빛으로 오는가

꽃샘추위

늦은 봄 눈 덮여
집을 삼킨다

처음에는
자리 잡지 못한 채 서 있고

먼 산
꽃 몽우리 몸을 움츠리고
새싹들은 봄을 찾아 헤맨다

늦은 눈은 간데없이
무심히 스쳐 지나간 자리
날갯짓할 봄 기다린다

세찬 바람 뚫고
꽃길 따라가는
길을 묻는다.

담쟁이

올망졸망 자식 이끄는 담쟁이
수백 수천 이끌고 피맺히도록
담장에 사정하듯 배 채우고
발붙일 곳 있으면 어디든 뿌리내려
애간장 녹는 슬픔을 아슬아슬
이끄는 담쟁이

담쟁이는 자식들 끌고
콘크리트 틈새에도
뿌리를 내리뻗는 담쟁이
살 터를 환히 밝히는 등불같이
고결한 한 폭의 수채화다

배부른 산 그늘

석양녘 산 그늘 내려앉으면
비워둔 자리마다 총총이는 별
초승달 황금을 물고 떠나가고 있다

쑥물 묻은 기침소리
초가삼간에 내리고
그림자는 무처럼 자라
발목까지 찬바람으로 차오른다

구름도 쉬어가는 산속 마을
차 한잔 기울이고 뒤돌아보면
하나 둘 별들은 새가 되어
들녘으로 떠나간다

바람 속 황금 새처럼
꽃의 숨결 깊어가면서

울 엄마

봄이면 지푸라기로 엮은 메주
장독대에선 항아리 윤기 나게 닦고
앞치마로 땀 훔치시던
꽃처럼 곱던 우리 엄마

담장 넘은 접시꽃도
당산에 핀 박달나무 꽃도 잊으셨나
흐드러진 꽃들은 주인 잃고
남몰래 눈물 훔칩니다

눈 감으니
엄마의 향기가 그립습니다.

마니산의 하루

인삼 막걸리는
방앗간 서성거리는 참새 부르고
계절을 잊은 옥수수
화롯불을 지키며
수염만 만지작거린다

작은 물줄기가
흐름을 시작하는 비탈길
꽃이며 열매며 잎까지도
남은 것 하나 없는
빈 가지 사이로
질주하는 바람이 그네를 뛴다

이름 부르기엔 많은
나무와 나무 사이를 지나서
돌층계를 딛고
정상의 바위에 올라
심호흡을 한다

머리가 하늘에 닿는다
하늘이 손에 잡힌다
그 하늘이 쉬어 가는 참성단에는
고뇌하는 단군이 서 있다

소쇄원에서

한 폭의 바람이 되어 볼까
식영정 풍류 읊으며
청댓잎 밟고 다니는 바람이나 될까

관객들 눈 굴리고 나드는 발길들
풀피리 소리 풀어낼
풍진 세게 씻어내는 물소리
뒷산 더덕밭 향기 솎아서
풍류객 북장구에 바칠까 부다

그리운 날

창가를 서성이며
가슴에 묻어두었던
기억들 떠올리면
보고 싶은 사람의 모습도
한 폭의 그림입니다

때 묻지 않은 당신과의 만남은
붉은빛을 떠올리는 노을인 것처럼
눈가에 맺힌 이슬인 것처럼
아름다운 꿈속의
어여쁜 사랑입니다

높은 하늘을 바라봐도
당신의 모습 가득하고
가슴 깊숙이 파고드는
물안개처럼
보고 싶은 마음뿐입니다

제6부

강물이 흐르는 찻집

눈 오는 날

함박눈이 펑펑 쏟아지는 날엔
이글거리는 화롯가에 앉아
구워 놓은 세월을 마신다

홍역 앓는 아이의 열꽃처럼
내 진홍빛 사랑
화롯가에 앉아 구운 밤
한 톨 만지작거리며
지난 세월 감미롭게 녹아
세월의 무게를 달구어 간다

가벼워진 한 해는 무게로 침묵하고
눈 속에 녹아버린 그림자
텅 빈 세월 갈등의 소용돌이
날지 못하는 새가 되어
비틀거리고 있다

미소

둥근 열매 잎새에 숨어
초록으로 영글어 가는
자리 지키는 아파트 정원 옆 울타리
보랏빛 붓꽃은
화려했던 봄날을 그리워합니다

길지 않은 우리네 삶
그리워할 수 없는 메마른 가슴보다
무엇인가 그리워할 수 있는 날들이
아름다움으로 피어나기에
흘러간 아쉬움도 추억으로
가슴 깊이 간직합니다

미명未明에 주어지는 도화지엔
미완의 작품 비좁은 가슴에
채워지길 원하는 마음보다
비워 있음이 편안함을 느낄 수 있는
미소를 그려 봅니다

광주천에 밤비 내리는 날

우리의 젖줄기 광주천에
밤비 내리는 날
꽃피고 새가 울며
잊혀진 광주공원의 한이
다시 춤을 춘다

우리의 어진 땅
광주의 한과 환희가 어우러진
청정의 광주천 몸짓 따라
그날을 기억하는 빌딩 숲도
미래로 달리는 자동차도
현재의 우린
긴 역사의 한을 다독이며
강물 따라 흐르고 있다

향기 없는 하얀 꽃

앙상한 겨울산이 기어코
하얀 눈 속으로 풍덩 몸을 날렸다
첫눈에 떠밀린 상록수
채워진 망막의 빗장
무리하게 밀치고 들어와
향기 없는 하얀 꽃 피운다

우 우 탄성만 지르고
드디어 내 손에 들려진 눈덩이 하나
예고 없는 폭설의 몸짓
두 손 휘이 휘이 내저으며
수화를 그리는 그 만의 언어

우리 지금 깊은 사랑 중이라고
눈팔매질은 접어달라고
겨울산은 호수 같은 기쁨이라도
막무가내 세상은
향기 없는 눈꽃의 폭군이 되었다.

가는 세월은

묻어두었던 한 줌의 소식들이
오늘도 소리 없이
첫눈처럼 내리는데
세월의 처마 끝에
매달린 서글픈 옛 몸짓들이
눈 밝은 카페트 위에
노란 세월을 쏟아 내린다

내 가슴 깊은 고을에
풀등 켜고 허공을 향해 가다 보면
먼동 트는 닭 우는 소리 들린다

한줄기 타는 그리움이
향기도 빛깔도 없이
찬란한 은행잎만
찬물처럼 뚝뚝 쌓이는
어느 주인 없는 한나절
세월은 자꾸만
차디찬 고드름을 달고

내 품을 낙하한다
빨강 옷 노랑 옷으로 불타오른다
무릎까지 빠지는 그리움이 된다
세월의 틈바구니에 앉아
가슴을 열면
푸른 하늘로 바람이 노 저어 간다

밀어내는 봄

온갖 봄꽃들이 유혹하는
4월 섬진강 자락
속치마 자락 하늘거리는 벚꽃

산기슭에 앉아
손짓하는 진달래
부르지도 않았는데
허겁지겁 꽃을 피웠습니다

매화꽃 산수유꽃
빗물로 정갈히 목욕하고
상춘객 맞이했습니다

곱게 피어 올린
당신의 향기가
온 세상 가득합니다

보성다원

노을 지는 다원에는
태평양 푸른 다원이
싱싱한 참나무 숲을 흔들어요

푸른 눈 푸른 숲
그리움 오래 익어
향기는 멀리 갈수록 맑아요

달빛 부서지는 감자밭처럼
은은한 다기에
따끈한 그리움을 가득 채워요

꿈꾸는 그때에
저 푸른 설록의 한가운데
그대 그림자 눈에 밟혀요

강물이 흐르는 찻집

꿈같은 음악들이
실처럼 흐르고
탁 트인 창 너머로
포근함이 찾아오니
은빛 강물 줄을 이어
내게로 온 햇살들이
내 가슴에 고이는구나

내가 앉은
이 아늑한 자리는
얼마나 많은
착한 마음을
부리고 간 자리였을까
창 너머 나무 위로 걸린
붉은색 전등까지도
아름답게 보이는
강물이 흐르는 줄기마다
소리 없이 피어난 그리움들

강물이 흐르는 찻집 창가
텅 빈 하늘만 쳐다보는
내 마음을 흔들고
홀연히 떠나버린
미소가 익은 찻집
어여쁜 사람들처럼
나의 빛바랜 생각들을

여기저기 흙벽에 걸어놓고
홀연히 저물어져 가는
저 달빛을 보면
내 찻잔에 내려앉은
표상이었던 것을

감로수

이윽고 우리는 가라앉을 것이다
차디찬 어두움 속으로
너도나도 짧은 우리의 여름날
그 강렬한 많음이여 안녕히
아름다운 가을의 마음을 전하며
앞마당 브로크 위에 언덕지고 있는
모닥불 타는 소리를 나는 벌써 듣는다

이윽고 겨울 그것이
내 존재에 돌아오리니
분노와 증오와
정률과 공포와 정제된 쓰라린 노고
북극의 지축에 걸린 태양과 같이
내 산사의 심장은
언 불덩어리에 지나지 않게 되리라

언덕 지어 떨어지는 장작더미
하나하나를 나는 떨면서 듣노니
세워진 한 두대의 울음조차

이렇듯 둔탁하지 않다

나의 정신은
성문을 파괴하는
무거운 쇠망치를 얻어맞고
어우러지는 성탑과도 같아라

단조로운 충격에 몸은 흔들리어
어디선가 낙엽 떨어지는 소리 들리듯
감로수 한 잔에 정신 차려
속세에 몸을 묻는다

광주천의 꿈

비둘기 가벼운 날갯짓
물풀의 푸른 노래 따라
역사의 물줄기 흘러내리는
우리의 어머니 광주천은
오늘도 무심한 물소리로
세월을 철렁이며 흘러간다

그날의 푸르름을 간직하며
잿빛 하늘 아래서도
이렇게 싱싱하구나

솟구치는 빌딩 숲
자동차 매연에 시달려도
역사를 품에 보듬고
당당하구나

고요한 물줄기 따라
옛일에 울다 지친 침묵
스러진 세월의 눈물까지 모두 안고

의연하구나
광주천에 밤비 내리는 날
우리의 젖줄기에서
꽃 피고 새가 울며
잊혀진 한이
다시 춤을 춘다

아름다움

부드러운 목소리가 사라지면
음성은 기억 속에 들려오고
오랑캐꽃 시들 때
향기는 가슴속에
그리움으로 피어난다

동백꽃이 시들면
늙어버린 알몸을 보이기 싫어
한 송이 두 송이
툭 툭 떨어져 쌓여
그리움의 징표가 되고
그 자리엔
사랑이 고이 머문다.

발문

그리움의 근원을 향한 무한한 탐구

김영관(조선대학교 영어영문학과 명예교수)

김영임의 시세계는 그리움의 근원을 향한 무한한 탐구다. 그의 의식이 가동되는 시간이면 어김없이 돌아가는 탐구의 엔진은 아무리 태워도 소진되기를 거부하는 그리움 앞에 그 중심을 찾아가는 것이 자신의 존재증명인 듯 성성하다. 때로는 섬세하고 때로는 가슴 먹먹한 그의 언어들은 읽는 이들의 가슴을 덥히고 세상의 삭막함을 소찬素餐후의 설거지인양 깔끔하게 닦아내 정신의 선반에 정갈하게 세워놓는다.

초가집 굴뚝에 연기가 모락모락
석양녁 시골 정거장
땅거미 내릴 무렵

보리밥 짓느라

굴뚝에 연기가 모락모락
호박오가리 취나물 무치느라
분주하면

청국장이 익느라 보글보글
굴뚝에 연기가 모락모락
칙칙폭폭 기차는 영등포역
이때 시골 밥상이 차려지고

기차 지나가는
어느 시골마을 그리움이다
고향이 있는 것만으로 행복합니다
어머니가 계신 것만으로 든든합니다.

-「시골 기차역」 전문

어떤 경우에도 살아가는 일은 아름답다. 그 근원적 이유는 그리움을 향해 열사의 사막을 밟고 가는 낙타의 발바닥 같은 그의 서정이 그의 삶을 끈질기게 채근하고 닦달해 왔음이다. 그의 첫시집에 등재된 대부분의 시편들은 그 여정을 명징하고 낮은 음성으로 낱낱이 밝히고 있다. 이번 시집 속에서 딛어 내고 있는 시인의 발걸음은 종일 팔다 남은 물건을 하나도 남기지 않고 꼼꼼히 꾸려 등에 짊어지고 머리에 이고 양손에 챙겨들고 저무는 장터를 떠나는 장사꾼의 그것이다. 하루를 후회 없이 살아낸 뿌듯함과 내일 또 내다팔 희망이 양발로 교차하고 있음이다. 기차가 지나가는 시골마을은 모두 그리움이고 그리운 고향이 있는 것만으로 행복하며 그곳에 기억 속의 어머니가 계신 것만으로 든든한 세상이다. 그리움의 내막에 등장하는 보리밥, 취나물, 호박오가리, 청국장은 현재도 시인을 든든하게 먹여 살리고 있음이 이를 증명하고 있지 않은가.

> 마지막으로 한 번 더 별을 바라보고
> 늦은 밤의 창문을 나는 닫는다
> 어디선가 지구의 저켠에서
> 말없이 문을 여는 사람이 있다
> 차갑고 뜨거운 그의 얼굴은
> 그러나 너그러이 나를 대한다
> 나직이 묵례를 나는 보낸다
> 혹시는 나의 잠을 지켜줄 사람인가
> 지향없이 나의 밤을 헤매일 사람인가
> 그의 정체를 알 수가 없다
>
> 다음날 이른 아침 창문을 열면
> 또 한 번 나의 문을 대하게 된다
> 어디선가 지구의 저켠에서
> 말없이 문을 닫는 그의 모습을
> 나직이 묵례를 나는 보낸다
> 그의 잠을 이번은 내가 지킬 차롄가
> 그의 밤을 지향 없이 내가 헤맬 차롄가
> 차갑고 뜨거운 어진 사람은
> 언제나 이렇게 나와 만난다
> 언제나 이렇게 나와 헤어진다.
>
> -「어떤 사랑」 전문

문학에 매혹된다는 것은 언어와, 언어가 그려내는 한

세계에 매혹된다는 뜻이기도 하다. 늦은 밤의 창문을 닫으면 분명 어디선가 지구의 저켠에서 말없이 문을 여는 사람이 있고 다음날 아침 내가 창을 열면 먼 곳의 그가 이제 저녁창을 닫을 것임을 찾아낸다. 그래서 나는 나와 언제나 만나고 헤어진다. 그와 나는 하나이고 헤어짐과 만남도 하나이다. 가장 먼 곳에서 가장 가까운 나를 만난다는 깨달음의 아름다움. 늦은 밤 별을 한 번 더 바라보는 시인의 따스한 눈길로 인해 모든 것은 순식간 아름다움으로 바뀌어버리는 것이다. 시인이 펼쳐 보이는 지극히 주관적이면서도 강렬한 세계는 단박에 아픔을 감동으로 바꾸어내는 마술의 힘인 것이다.

금당산 기슭에 앉아
몸 풀린 풍암호수를 바라본다
쉴만한 속내 찾아
물살 헤집던 봄볕이
생긋한 눈짓으로 철쭉 꽃잎을 당긴다

내 생의 갈피마다 회돌이 치던
가슴속 같은 봄이
새삼 갈증으로 풀어진다

칼바람 휘두르던 겨울 몰아내고
자리한 철쭉꽃 향기
피워 올린 향내 한 올 담고서
예까지 숨차게 달려와
상큼한 향기 안아 주면서

길 끊긴 곳에 서면
스스로를 아낌없이 태우는 봄아
때 묻은 내 육신
정한 네 눈 속에 잠기고 싶다

-「잠기고 싶다」 전문

세상을 변화시키는 강렬한 시인의 힘은 쉽게 나오는 것이 아니다. 끝없는 번뇌와 탁월한 감각을 벼리어내는 열정에서 비롯됨을 위의 시에서 알게 된다. 겨울이 가면 당연히 봄이 그냥 오는 줄 알지만 시인의 봄은 "칼바람 휘두르는 겨울을 몰아내고 자리한 철쭉"과 그 철쭉의 "향내한 올 담고" 금당산 호수까지 달려온 숨찬 질주의 끝에서 "길 끊긴 곳"이면 아낌없이 서로를 태우는 봄이다. "생의 갈피마다 회돌이 치던 가슴"으로 봄을 앓던 시인은 철쭉을 소중하게 보듬고 있는 봄의 정한 눈 속에 잠기고 싶은 것이며, 그것을 부러워하는 시인의 태도와 그 실천을 위한 노력은 끊임없이 온화하고 자상하게 자신의 삶을 관조하고 자신의 언어를 마치 타자의 그것으로 여겨질 정도로 고르고 다듬는 데에서 비롯된다 할 것이다.

봄이면 지푸라기로 엮은 메주
장독대에선 항아리 윤기 나게 닦고
앞치마로 땀 훔치시던
꽃처럼 곱던 우리 엄마

담장 넘은 접시꽃도
당산에 핀 박달나무 꽃도 잊으셨나

흐드러진 꽃들은 주인 잃고
남몰래 눈물 훔칩니다

눈 감으니
엄마의 향기가 그립습니다.

-「울 엄마」 전문

모든 일에 시작이 있고 근원이 있듯 그리움에도 근원은 분명히 있다. 시인이 시업의 전 시간에 걸쳐 탐구해 온 그리움의 근원에, 그 그리움의 시작엔 누추한 차림의 젊은 날의 어머니가 웃으며 서있음을 시인은 여러 편의 작품에서 자신의 존재 증명처럼 당당히 내밀고 있다. 세상의 모든 메주와 장독대의 항아리와 앞치마로 닦는 땀 속에 어머니가 살고 있다. 담장에 접시꽃과 박달나무 꽃도 어머니를 그리워하며 눈물을 훔친다. 절대로 사라지지 않는 그리움의 향기인 어머니. 그 그리움의 힘과 향기와 꽃빛으로 시인도 또 하나의 그리울 어머니의 모습으로 지금을 아름답게 살아내고 있다. 그렇다고 그가 모든 것을 마냥 그리워하는 일에만 집착하는 것은 아니다. 그리움의 근원을 찾아가는 여정에서 체득한 지긋한 관조觀照와 깊은 사유는 시인이 만나는 세상을 더 의미 있고 아름답게 만든다.

인삼 막걸리는
방앗간 서성거리는 참새 부르고
계절을 잊은 옥수수

화롯불을 지키며
수염만 만지작거린다

작은 물줄기가
흐름을 시작하는 비탈길
꽃이며 열매며 잎까지도
남은 것 하나 없는
빈 가지 사이로
질주하는 바람이 그네를 뛴다

이름 부르기엔 많은
나무와 나무 사이를 지나서
돌층계를 딛고
정상의 바위에 올라
심호흡을 한다

머리가 하늘에 닿는다
하늘이 손에 잡힌다
그 하늘이 쉬어 가는 참성단에는
고뇌하는 단군이 서 있다

-「마니산의 하루」 전문

시를 쓰며 살아가는 그의 태도는 위의 시처럼 명징한 서정적 이미지즘을 향해 열려 있다. 그의 가슴은 언제나 근원적인 그리움의 중심을 향해 모든 근육을 있는 대로 열어놓고 있다. 시를 쓰는 그의 가슴이 결코 자신의 내면과 추억만을 보듬고 전전긍긍하고 있지 않다는 뜻이다. 지루한 생의 사막과 바다를 건너면서 자신과 영혼의 힘을 믿는 사람들을 위해 언제나 감성의 작은 통로를 뚫어놓는다. 우리의 영혼과 숨결이 일순간 머물렀던, 언젠가 음악을 들으며 서 있던 그 장소와 그 풍경들, 분주한 걸음을 따라오던 마른 잎사귀의 아우성과 스쳐가는 바람의 전언傳言들은 그의 시 속에 싱싱한 피톨처럼 살아있는 것이다. 위 작품에서 나오는 방앗간 서성거리는 참새 부르는 인삼막걸리, 수염만 만지작거리며 화롯불을 지키는 옥수수, 빈 가지 사이로 그네를 뛰는 바람, 손에 잡히는 하늘, 고뇌하며 서있는 단군 등 마니산에서 시인이 만난 세상은 그의 그리움의 근원을 찾아가는 탐지기에 발견되어 우선 시인의 사유와 컴퓨터 모니터에서 삶의 즐거움으로 군림하다가 어느새 그리움의 품목으로 추가될 것이다.

푸른 고뇌의 팔영산 기슭에
작은 절 하나 솟아
산사의 하늘 아래 산이 운다
산이 울어 피는 노을 꽃
잔잔한 바람 일으키며 풍경이 울자
뒷산 잡목림에 숨어 자던 바람 놀라 깬다

잠결에 언 듯 본 극락이 곱기로
이승의 저 노을만 하랴
한 울음이 세상에 등불 밝히고

숲을 나선 바람은 대보의 날개를 펴고
춤추듯 산사로 나선다

바람이 날아간 뒤 풍경은
또 천년 묵언 속에 잠기는데

무슨 빛나는 말씀 듣자함인지
대웅전 처마 밑에 서 있는
중생의 귀 오래 차겁다

별빛 뜨는 스님의 이마 위에
이승의 서녘 하늘을 다 태우며
가슴이 빈 목탁이 운다

-「능가사에서」 전문

전문이 단숨에 한 소절의 노래처럼 흘러가는 작품이다. 이처럼 때때로 충만한 악절처럼 그의 시는 미묘하게 아름답고 매끄럽다. 나즉나즉 세상을 걸어가는 그의 리듬엔 간간이 상심이 묻어 있고 애써 우울을 감추려는 머플러의 나부낌이 직조된 무늬처럼 선명하게 드러난다. 산사山寺가 한 몸으로 곧추서서 무슨 빛나는 말씀을 그리워하는 자세를 흰 도화지에 수채화처럼 그려 넣으며 "극락이 곱기로 이승의 저 노을만 하겠느냐"며 "한 울음이 세상에 등불 밝힌"다고 보고하고 있다. 그리움의 근원을 향하는 끊임없는 시인의 탐구는 오늘의 하루하루를, 한 순간순간을 소중하게 살아낼 가치가 있음을 밝히고 있다. 그는 언제나 근원적인 외로움, 즉 자신의 내밀한 정신의 아픔까지 그리워함으로 그리움의 근원의 열쇠를 쥐려고 시의 고집스런 자세 앞에 졸린 고개를 연신 끄덕이고 있는 것이다.

올망졸망 자식 이끄는 담쟁이
수백 수천 이끌고 피맺히도록
담장에 사정하듯 배 채우고
발붙일 곳 있으면 어디든 뿌리내려
애간장 녹는 슬픔을 아슬아슬
이끄는 담쟁이

담쟁이는 자식들 끌고
콘크리트 틈새에도
뿌리를 내리뻗는 담쟁이
살터를 환히 밝히는 등불같이
고결한 한 폭의 수채화다

-「담쟁이」 전문

시인의 지금까지 탐구해온 그리움의 근원으로 가는 길엔 늘 어머니가 서 있다. 그 어머니는 담쟁이가 세운 성벽 앞에 시인을 세워놓고 한 폭의 그림을 그려 보인다. "올망졸망 자식 이끌고" "발붙일 곳 있으면 어디든 뿌리내려 애간장 녹는 슬픔을 아슬아슬 이끄는 담쟁이"의 모습이 결국에는 "살터를 환히 밝히는 등불"임을, 가난하고 가혹한 삶이란 반드시 이겨내야 할 근원적 가치가 있음을 고결한 수채화로 걸어놓고 있다. 이 수천 수백 담쟁이 앞에 서기까지 올곧은 탐구의 자세를 견지해온 시인은 이 거대한 진리의 수채화 앞에서 자신의 지난 시간의 값으로 셈을 치르고 이 그림을 정신의 거실 한가운데 즐겁게 걸어두면 되겠다.

김영임 시집
침묵이 숨 쉬는 곳

인　　쇄 2025년 7월 16일
발　　행 2025년 7월 21일
지 은 이 김 영 임
펴 낸 이 노 남 진
편　　집 장 숙 영
펴 낸 곳 (사)한림문학재단·도서출판 한림
61488 광주광역시 동구 백서로125번길 11(금동)
(062)226 - 1810(代)·3773
E—mail hanlim1992@kakao.com
출판등록 제1990 - 000008호(1990. 9. 14.)

값 12,000원
ISBN 978-89-6441-605-1 03810

* 이 책의 판매처 _ 교보문고, 예스24, 충장서림